HEILSCHNÄPSE · MAGENBITTER
FEINE LIKÖRE

NENNA VON MERHART

HEILSCHNÄPSE MAGENBITTER FEINE LIKÖRE

selbst zubereiten

Lizenzausgabe mit Genehmigung des Steiger Verlages,
A-6021 Innsbruck,
für die Buchgemeinschaft Donauland Krenmayr & Scheriau, Wien,
die Bertelsmann Club GmbH, Gütersloh,
die Buch- und Schallplattenfreunde GmbH, Zug/Schweiz,
und die Europäische Bildungsgemeinschaft Verlags-GmbH,
Kornwestheim.
Diese Lizenz gilt auch für die Deutsche Buch-Gemeinschaft
C. A. Koch's Verlag Nachf., Berlin — Darmstadt — Wien.
Bestellnummer: 0 20 11 5

100 der besten Hausrezepte zur eigenen — einfachen — Herstellung von bewährten Heilschnäpsen und feinen Gesundungstränken, die in ihrer natürlichsten Zusammensetzung alle käuflichen Liköre, Kräuterbitter und Schnäpse aus dem Feld schlagen.
Wer wollte nicht immer schon für sich oder seine besonderen Gäste ein Gläschen duftigen Veilchen-, Rosinen- oder Orangenlikör, einen würzigen Nußlikör selbst fabrizieren und damit Freude bereiten? Auch der „eigene" erlesene Magenbitter zur besseren Verdauung wird nach einem üppigen Mahl seine gute Wirkung tun — ebenso wie ein Heilschnäpschen Gesundheit und Lebensfreude verschafft.

Inhalt

ABBILDUNGSNACHWEIS

Alfred Pohler: Seite 17, 18, 35, 36, 54, 63, 64, 81, 82, 99, 100, 136.
Verlagsaufnahmen: Umschlagbild, Seite 53, 118, 135.
Atelier 2000: Seite 117.

Wacholderschnaps

Man nehme
eine Handvoll frische Wacholderbeeren, am besten zur Zeit der Reife, im September gepflückt, 1 Liter Schnaps.

Die Beeren werden verlesen und in der Sonne ein paar Tage getrocknet. Man stößt sie in einem Mörser, gibt sie in eine weithalsige Flasche und übergießt sie mit dem Schnaps. Man läßt sie ein bis zwei Wochen an einem kühlen Ort stehen. Dann gießt man alles durch ein Tuch, füllt in Flaschen ab.
Dieser Schnaps ist sehr aromatisch und wohlschmeckend, außerdem eine Wohltat für einen *übersättigten Magen.* Er wird mit längerer Lagerung immer noch besser.

Schmeckt etwas herb

Angelikawein

MAN NEHME
60 g Angelikawurzel (in der Drogerie erhältlich), 1 l Weißwein, 2 g Anisgewürz.

Man schneidet die Angelikawurzel in kleine Stückchen und setzt sie mit dem Weißwein zwei Tage lang an. Dann fügt man das Anisgewürz hinzu. Man läßt nochmals 1—2 Tage ziehen, dann seiht man ab.
Dieser Wein vertreibt *Magen- und Darmbeschwerden* und sollte mehrmals am Tag genommen werden.

Ein Eßlöffel genügt

Französischer Cassis

MAN NEHME
1 kg Schwarze Johannisbeeren, 1 l Schnaps, 1 Vanilleschote, 1 Stückchen Ingwer, 500 g Zucker, am besten Kandiszucker.

Die Johannisbeeren werden gewaschen und abgetropft. Man gießt sie in ein weithalsiges Glas, gibt die Gewürze, den Zucker und den Schnaps dazu. Man achtet darauf, daß das Glas dicht schließt, und läßt es zwei Wochen im Dunkeln lagern. Dann filtert man und füllt den Cassis in Flaschen. Cassis liebt kühle und dunkle Lagerung.
Die Schwarze Johannisbeere ist eine kleine Vitaminbombe, besonders reich an Vitamin C, aber auch B. Sie liefert Magnesium, Calzium, Phosphor, Eisen, Zink, Mangan und Jod.

Gegen Erschöpfungszustände

Melissengeist, hausgemacht

MAN NEHME
1 l Schnaps, möglichst hochprozentig, 20 g Melisse, ein Stückchen getrocknete und zerriebene Angelikawurzel, ein Stück Zitronenschale, etwas gemahlene Muskatnuß, etwas gestoßenen Koriander, Zimt, Nelkengewürz.

Die Gewürze und Kräuter gibt man in den Schnaps und läßt sie ca. zwei Wochen ziehen. Dann filtert man durch ein Tuch und füllt in Flaschen ab.
Man kann dieses aromatische, stark alkoholische Getränk im Tee zu sich nehmen, auf einem Stück Würfelzucker oder auch mit ein wenig heißem Wasser verdünnt.
Von alters her wußte man um die *kräftigende, beruhigende und krampflösende Wirkung* der Melisse.

Warum nicht selber machen?

Bärlauch-Elixier

MAN NEHME
2 Handvoll frischgepflückte Bärlauchblätter,
1 l reinen Alkohol, $^{1}/_{2}$ l Wasser.

Bärlauch ist eine Pflanze, die den Maiglöckchen sehr ähnlich ist, obwohl ein Lauchgewächs. Die Blätter sind lanzettförmig, die Blüten glöckchenartig. Schon in der Umgebung dieser Pflanze riecht es intensiv nach Knoblauch. Dieser Geruch verstärkt sich, wenn man die Blätter zerkleinert, was für das Ansetzen des Elixiers notwendig ist. Man gibt die zerkleinerten Blätter in ein weithalsiges Gefäß, übergießt sie mit dem Gemisch von Alkohol und Wasser und läßt sie 3—4 Wochen stehen. Dann seiht man ab.
Es gibt eine Menge Leute, die dem Bärlauch eine noch größere Heilwirkung zuschreiben als dem Knoblauch. Er hilft gegen *Durchfälle, Koliken, Herzstörungen,* aber auch z. B. bei *Schlaflosigkeit.*

Gegen vielerlei Gebrechen

Kerbelschnaps

MAN NEHME
eine Handvoll frischen Kerbel, am besten in den Sommermonaten gepflückt, 1 l Schnaps.

Der frisch gepflückte Kerbel wird in eine weithalsige 1 Literflasche gelegt und mit dem Schnaps übergossen, so daß er gut bedeckt ist. Man läßt die Flüssigkeit durch ein Tuch laufen und füllt sie in Flaschen ab.
Dieser Schnaps besticht durch seine kräftiggrüne Farbe und durch seinen Anisgeschmack. Intensiv genug angesetzt, ist er wie eine Essenz, die man beliebig verdünnen kann. Kerbelschnaps gewinnt mit längerer Lagerung an Aroma.

Kann verdünnt werden!

Kann verdünnt werden

Kerbel →

Löwenzahnschnaps

MAN NEHME
30 Löwenzahnblüten, am besten im Frühjahr geerntet, 1 l Schnaps.

Die Löwenzahnblüten werden gut gewaschen und abgetropft. Man setzt sie mit dem Schnaps in einer weithalsigen Flasche an und läßt sie gut verschlossen einige Wochen ziehen. Dann seiht man ab und füllt in eine Flasche ab.
Löwenzahn ist etwas vom Gesündesten, was Wald und Wiese uns bieten. Er ist immer noch das Beste für eine *Entschlackungskur* im Frühling, enthält er doch ungezählte Wirkstoffe wie Vitamine, Kalium, Phosphor, Schwefel, Eisen, Bitter- und Schleimstoffe. Ein Stamperl dieses Schnapses jeden Tag genossen, und Sie fühlen sich wie neugeboren!

← *Löwenzahn*

Gesünder als wohlschmeckend

Knoblauch-Elixier

MAN NEHME
250 g Knoblauchzehen, 1 l Branntwein.

Der Knoblauch wird geschält und klein gehackt mit dem Branntwein angesetzt. Lassen Sie die luftdicht abgeschlossene Flasche 14 Tage in der Nähe des Küchenherdes, besser noch an der Sonne stehen; bedenken Sie: Knoblauch liebt die Wärme! Dann seihen Sie den Flascheninhalt durch — fertig! Die Knoblauchtinktur ist mindestens ein Jahr haltbar. Sie sollten sie in der Küche stehen haben, dort, wo Sie ständig hinsehen. Dreimal am Tag 10—20 Tropfen dieses Elixiers genügen, um Ihnen Ihre Gesundheit bis ins hohe Alter zu erhalten.

Die vielseitige und große Heilkraft des Knoblauchs ist auf drei Inhaltsstoffe zurückzuführen: auf eine Jodverbindung, auf Kieselsäure und auf ein schwefelhaltiges Öl. Die Kombination dieser Wirkstoffe macht ein einfaches Knoblauchelixier zu einem wertvollen, natürlichen Allheilmittel. Es bringt Dünn- und Dickdarmkatarrh zum Abklingen, senkt den Blutdruck und wirkt der Arterienverkalkung entgegen, normalisiert die Herztätigkeit, macht Darmgifte unschädlich, hat eine keimtötende Wirkung bei Bronchialkatarrh, macht eine rauhe Stimme wieder klar und behebt Schlaflosigkeit.

Um 100 Zn werden

Bärlauchwein

MAN NEHME
eine Handvoll kleingeschnittene Bärlauchblätter, $^{1}/_{4}$ l Weißwein, etwas Honig oder Sirup (250 g Zucker mit $^{1}/_{4}$ l Wasser dick aufgekocht).

Man schneidet die Bärlauchblätter klein, kocht sie kurz in dem Weißwein auf und süßt sie nach Geschmack mit Honig oder Sirup. Diesen Wein sollte man, ist man von allerlei Wehwehchen geplagt, tagsüber mehrmals schluckweise trinken.

Nicht nur für Senioren

Arnikageist

MAN NEHME
ca. 30 frisch gepflückte Arnikablüten, so viel Obstschnaps, Klaren oder Franzbranntwein, daß die in einer Flasche befindlichen Blüten bedeckt sind.

Arnika findet man auf sonnigen Wiesen im Hochgebirge, und zwar zwischen Juni und August. Die schönen, goldgelben Blüten werden gesammelt und frisch in den Alkohol eingelegt, und zwar so, daß alle Blüten damit bedeckt sind. Die Flasche wird drei Wochen an die Sonne gestellt.
Es gibt eine Menge Leute, die auf Arnikageist förmlich „schwören". Sie trinken ihn zwar nicht, aber träufeln ihn auf Würfelzucker und vertreiben damit den *Durchfall.* Äußerlich angewendet, ist er ein probates Mittel bei Quetschungen aller Art, Hautabschürfungen und Blutergüssen. Arnika wirkt schmerzstillend, aufsaugend und entzündungshemmend. Auch zum Gurgeln wird der Arnikageist verwendet, sowie gegen alle Schmerzen im Bereich der Mundhöhle und der Zähne.

Fingermost

MAN NEHME

40 g Blätter vom Gänsefingerkraut, 20 g Wurzeln derselben Pflanze, 1 l Apfelmost.

Gänsefingerkraut ist eine weit verbreitete Pflanze, die in der Volksmedizin ihre Stellung behauptet als Löserin von *Krämpfen und Koliken aller Art, Menstruations- und Wechselbeschwerden.*

Man setzt 40 g junge Gänsefingerkraut-Blättchen und 20 g der gereinigten Wurzeln in einer Flasche mit gutem Apfelmost an, läßt die Flasche an einem dunklen, kühlen Ort drei Wochen stehen und gießt den Most dann ab. Davon trinke man je ein kleines Gläschen morgens auf nüchternen Magen und vor dem Mittagessen.

Für unsere Damen

Kalmusschnaps

MAN NEHME
150 g feingeschnittene Kalmuswurzel, 1 l Weinbrand oder Obstschnaps.

Man setzt die Kalmuswurzel in dem Alkohol an und läßt die Flasche verschlossen genau sechs Wochen an einem sonnigen, warmen Platz stehen, wobei man den Inhalt täglich einmal aufschüttelt. Dann seiht man den Schnaps ab, der nicht gezuckert werden darf. Er dient als wirksame Einreibung bei schmerzenden Knochenleiden und — löffelweise eingenommen — als *magenstärkendes, verdauungsregelndes Mittel,* dem wegen der ebenfalls bewirkten vermehrten Wasserausscheidung auch bei Erkrankungen der *Niere* und *Blase* Bedeutung zukommt. Mit Kalmusschnaps kann man bettlägerigen Patienten den Rücken einreiben, wodurch ein Wundliegen verhindert wird und ein angenehmes Gefühl der Kräftigung eintritt.

Gegen Appetitlosigkeit

Spitzwegerichgeist

MAN NEHME
ca. 30 frisch gepflückte Spitzwegerichblätter und so viel Weingeist, daß 1 Literflasche gefüllt ist.

Die Flasche wird verschlossen und für sechs Wochen an die Sonne gestellt. Dann filtert man den Geist ab und verwendet ihn als wirksames Mittel zur Schmerzlinderung bei Insektenstichen, für Einreibungen und Umschläge. Man kann die Tinktur auch tropfenweise einnehmen, wenn man mit etwas Wasser verdünnt.

Hustenmittel, nicht für Kinder

Johanniskrautschnaps

MAN NEHME
ein halbes Weckglas voll Johanniskrautblüten und so viel Alkohol, daß sie gut bedeckt sind.

Man pflückt vom Johanniskraut die ganze Pflanze und trocknet sie 2—3 Tage im Schatten. Dann pflückt man die Blütenköpfe ab und gibt sie in den Alkohol, der sie gerade bedecken sollte. Diese Flüssigkeit läßt man 3—4 Tage stehen, ehe man sie durch einen Filter gießt. Nun hat sie eine rubinrote Farbe und der Schnaps ist trinkfertig, wird aber durch längere Lagerung immer noch besser. Man verdünnt den Schnaps — so ungewöhnlich das auch klingen mag — mit Klarem!

Ein Fest für die Augen

Fichtennadelgeist

MAN NEHME
zwei Handvoll junger Fichtentriebe, 5 Wacholderbeeren, 1 Stück Kalmuswurzel, $^{3}/_{4}$ l Weingeist, 500 g Kandiszucker, $^{1}/_{4}$ l Wasser.

Man pflückt die jungen Fichtentriebe im Frühling, wäscht sie rasch ab und gibt sie in eine Ansetzflasche. Wacholderbeeren und Kalmuswurzelstückchen werden beigefügt, und alles wird mit dem Weingeist übergossen. Das Gefäß wird 10 Tage an die Sonne gestellt. Dann fügt man den Kandiszucker bei und läßt das Gefäß nochmals 5 Tage ruhen, dann filtriert man und füllt in Flaschen ab.

Bei rauhem Hals

Kräuterbier

MAN NEHME
eine Handvoll süße Engelsüß-Wurzeln, Waldsalbei, Fenchelwurz, Ysop und Erdefeu, 1 l Bier.

Engelsüß ist ein fliederblättriges Farnkraut, das auf der Blattunterseite mit kreisrunden, tupfenartigen Sporenhäufchen bedeckt ist. Der Wurzelstock schmeckt süß und dient dem „Süßmachen“ des Blutes. Und „süßes“ Blut war früher wie heute begehrt, war es doch unbedingt notwendig, wenn man „jünger werden“ wollte.
Die genannten Zutaten werden einige Minuten lang in dem Bier gekocht, das wenn möglich ungehopft sein sollte. Man seiht das Kräuterbier durch ein Tuch und nehme morgens, mittags und abends ein Gläschen davon.

Zum „Jüngerwerden“

Isländer Schnaps

MAN NEHME
200 ccm Alkohol, 1 Schnapsgläschen Cognac, 60 ccm Kirschsaft, 250 ccm Wasser, 1 Tropfen Bittermandelöl, 2,5 g Kardamom, 15 g Wacholderbeeren, frisch oder getrocknet, 10 g Rosinen.

Alle Zutaten werden gemischt und 2—3 Wochen an einen warmen Ort gestellt. Dann wird filtriert, auf Flaschen gezogen und einige Tage ruhen gelassen.

Orginalrezept aus Island

„Bollaschnaps“ aus dem kleinen Walsertal

MAN NEHME
Kompott von schwarzen Kirschen, 500 g Zucker, 250 g Rosinen, 1 Stange Zimt, einige Gewürznelken, 1 l Obstschnaps, 1 l Wasser.

Der Zucker wird mit dem Kirschensaft im heißen Wasserbad aufgelöst, der Schnaps wird dazugegossen, desgleichen Kirschen, Rosinen und Gewürze. Alles wird gut gemischt und in ein weithalsiges Gefäß geschüttet. Man läßt die Köstlichkeit einige Monate stehen. Im kleinen Walsertal wird sie an bestimmten Tagen den jungen Männern angeboten.

Nicht nur im Walsertal gut

Grundrezept für Beerenschnaps

MAN NEHME

entweder $^{1}/_{2}$ kg zerdrückte Schwarze Johannisbeeren oder $^{1}/_{2}$ kg entsteinte Weichseln oder $^{1}/_{2}$ geraspelte rohe Quitten oder $^{1}/_{2}$ l gekochten Quittensaft, $^{3}/_{4}$ l Obstschnaps.

Die jeweiligen Früchte werden zusammen mit dem Obstschnaps in ein weithalsiges Glas getan und an der Sonne ca. 6 Wochen dort gehütet. Danach preßt man den Saft ab, erst im Sieb, dann noch einmal durch ein Tuch. Dann läßt man je nach Geschmack $^{1}/_{4}$—$^{3}/_{4}$ kg Zucker mit $^{1}/_{8}$—$^{3}/_{8}$ l Wasser spinnen und fügt diese Zuckerlösung dem Alkohol bei. Bei Quitten gibt man noch etwas Zitronensaft dazu. Die so entstandene Flüssigkeit läßt man noch einige Wochen lang stehen.

ganz einfach

Johannisbeer-Gin

MAN NEHME
1 kg Schwarze Johannisbeeren, 1 kg Zucker, 10 g Ingwerpulver, Schale von einer Zitrone, 1 Flasche Gin.

Wir verlesen die Johannisbeeren, pflücken sie von den Stielen, zerquetschen sie und setzen sie zusammen mit der sehr dünn abgeschälten Zitronenschale dem Gin zu. Das Ganze sollte etwa drei Tage stehen. Dann filtriert man, setzt den geläuterten Zucker und den Ingwer zu und gießt die Flüssigkeit in eine neue Flasche. An der Sonne sollte dieses köstliche Gebräu drei Tage lang stehen, wobei man es häufig schüttelt. Zuletzt filtriert man noch einmal und füllt in Flaschen ab.

Zur Johannisbeerzeit ansetzen

Huflattichschnaps

MAN NEHME
ca. 20 Huflattichblüten, im zeitigen Frühjahr gepflückt, $^1/_2$ l reinen Alkohol, 250 g Zucker.

Man wäscht die Huflattichblüten, tropft sie ab und legt sie in ein weithalsiges Gefäß, in dem man sie mit dem Alkohol übergießt. So läßt man sie einige Wochen lang stehen, lieber länger als kürzer. Dann bereitet man aus dem Zucker und der entsprechenden Wassermenge — je nach gewünschtem alkoholischen Gehalt — einen Sirup, den man an die gefilterte Flüssigkeit gießt. Schmeckt nicht gerade umwerfend gut, ist aber als Hausmittel sehr wirkungsvoll. Sprechen Sie vorher mit Ihrem Arzt!

gegen Herzbeschwerden

Huflattich →

Enziangeist

MAN NEHME
einige frisch gestoßene Enzianwurzeln und so viel Weingeist, daß die in einer Flasche befindlichen Wurzeln gerade bedeckt sind.

Auf gelegentlichen Spaziergängen im Hochgebirge kann man schon hie und da eine Enzianwurzel ausgraben, sofern man des Guten nicht zuviel tut. Geschätzt wird vor allem der gelbe Enzian, dessen Blütenstände bis zu 40 cm hoch werden. Verwendet werden aber nur die Wurzeln, die, in Weingeist angesetzt, sehr wirksam gegen *Magenschwäche, Durchfall* und *schlechte Verdauung* sind. Früher hat man die Wurzeln auch gekocht und in gewässertem Wein gegen Bleichsucht, also Blutarmut, verabreicht.

← *Enzian*

Gegen Verdauungsbeschwerden

Johannisbeerblatt-Wodka

MAN NEHME
20 frisch gepflückte Blätter von Schwarzen Johannisbeeren, legt sie in einem weithalsigen Gefäß in 1 l Wodka und läßt sie ca. drei bis vier Wochen stehen, am besten an einem warmen Ort. Man filtriert die Flüssigkeit und füllt in Flaschen ab. Jetzt hat sie eine hellgrüne, schöne Farbe, und ebenso „schön" ist ihr Geschmack. Das Getränk gewinnt mit der Lagerung.

Eisgekühlt servieren

Wacholderschnaps

MAN NEHME
die Hälfte einer Flasche voll Wacholderbeeren, den Rest der Flasche klaren Schnaps.

Man füllt die Flasche zur Hälfte mit den frischen oder getrockneten Wacholderbeeren und füllt mit Schnaps auf. Zugebunden läßt man die Flasche an der Sonne oder an einem warmen Ort stehen. Dann wird der Schnaps abgegossen. Dieses Mittel war in früherer Zeit eine beliebte Einreibung bei Gicht und Rheuma und wird auch heute wieder „hoffähig“. Ein paar Tropfen, auf Zucker oder in Wasser eingenommen, lindern ebenfalls Schmerzen, aller Art.

Alter Verjüngungstrank

Brombeer-„Saft“

MAN NEHME
1 kg zerquetschte Brombeeren, $^{1}/_{2}$ l Weingeist, $^{1}/_{2}$ l Kornbranntwein, $^{1}/_{2}$ l Wasser, 700 g Zucker, $^{1}/_{4}$ l Wasser.

Die Brombeeren werden mit dem Weingeist und dem Kornbranntwein in eine Flasche gefüllt, durch drei Wochen verkorkt kühl und dunkel ziehen gelassen und hernach durch ein feuchtes Leinentuch gefiltert. Zur Fertigstellung kocht man den Fruchtrückstand mit $^{1}/_{2}$ l Wasser einmal auf, seiht das Ganze durch ein Tuch und kocht den gewonnenen Saft mit der angegebenen Zuckermenge und dem Wasser 5 Minuten. Danach gießt man die Flüssigkeit sogleich zum Alkohol und seiht das Ganze nochmals durch ein feuchtes Tuch. Der stark alkoholische Brombeer-„Saft“ wird in Flaschen gefüllt und gut verkorkt.

Dunkel lagern

Zitronenschnaps aus Polen

MAN NEHME
2 Zitronen, $^1/_2$ l Wodka, 1 l Wasser, 100 g Zucker, nochmals $^1/_8$ l Wasser.

Die Zitronen werden hauchdünn abgeschält, damit die Bitterstoffe des Weißen nicht störend wirken können, dann werden sie ausgepreßt. Das Ganze wird mit dem Wodka und dem Liter Wasser angesetzt. Zucker und $^1/_8$ l Wasser kocht man einige Minuten auf und mischt alles zusammen. Die Flüssigkeit sollte nun einige Minuten lang kräftig geschüttelt werden, bevor man sie in liegendem Zustand einen Tag lang im Kühlschrank aufbewahrt. Dann wird sie gefiltert und in eine neue Flasche abgefüllt.
Dieser Schnaps schmeckt besonders dann, wenn er sehr kalt ist. Ein köstlicher Vitaminspender.

Kalt genossen am besten

Gewürzter Kirschentrunk

MAN NEHME
1 kg schwarze Kirschen, es können auch Schattenmorellen sein, 500 g Zucker, 1 Zimtstange, 4 Nelken, 1 l Wasser, $^{1}/_{4}$ l Alkohol jeglicher Art.

Die Kirschen werden von den Steinen befreit, wobei man sich einige davon aufbewahrt und sie aufklopft. Kirschen und Steine werden zusammen mit dem Alkohol in eine weithalsige Flasche gefüllt. Diese stellt man für einige Wochen an die Sonne. Dann kocht man Zucker und Gewürze mit dem Wasser auf, läßt die Flüssigkeit abkühlen und gießt sie über die Früchte. Anschließend läßt man alles einige Tage ruhen, ehe man die Flüssigkeit filtriert und in Flaschen abfüllt.

Liebt die Sonne

Gewürzter Holundertrank

MAN NEHME
$^1/_2$ l Holundersaft (gepreßt), $^1/_4$ l Weingeist, 250 g Zucker, 1 Gewürznelke, $^1/_2$ Zimtstange, etwas gemahlenen Ingwer.

Man erhitzt den Holundersaft, in den man die Gewürze gestreut hat, und läßt ihn ca. 15 Minuten köcheln. Den Zucker gibt man in eine Schüssel und gießt die Holundermasse heiß darüber. Man verrührt gut und läßt das Ganze einige Stunden stehen, seiht es durch ein Leinentuch und kocht den Saft noch einmal auf. Die Flaschen, in welche man diesen Trank gefüllt hat, sollte man an einem dunklen Ort einige Monate stehen lassen, ehe man in seiner Verwendung zuführt.
Holunderbeeren sind überaus reich an Vitamin B, außerdem Provitamin A und Vitamin C. Früher sagte man, ein Holunderbusch im Garten erspare einem die Apotheke. Und so unrecht hatte man nicht.

Flieder-Whisky

MAN NEHME
1 l Saft aus gepreßten reifen Fliederbeeren aus dem eigenen Garten, $^{1}/_{4}$ l Whisky, 150 g Zucker, 3 Nelken.

Die Fliederbeeren werden im Herbst geerntet, gewaschen, gesäubert von den Stengeln und gepreßt. Dieser Saft wird filtriert, bis er klar geworden ist. Dann kocht man ihn mit dem Zucker und den Nelken auf und läßt ihn abkühlen. Der Whisky wird hinzugefügt, nochmals filtriert und auf Flaschen gezogen. Je länger er lagert, desto wohlschmeckender ist er.

Für Whiskyfreunde

Weiberleutschnapsl

MAN NEHME
allerlei Beeren wie Johannisbeeren, Ebereschenbeeren, schwarzen Holunder und Himbeeren (insgesamt $^{1}/_{2}$ kg), 4 Löffel Zucker, $^{1}/_{2}$ l Obstschnaps.

Die verschiedenen Beeren werden zusammen mit dem Zucker in eine Flasche gegeben, mit $^{1}/_{2}$ l nicht zu hochprozentigem Alkohol aufgegossen und drei bis vier Wochen stehen gelassen, dann wird alles abgeseiht und die schön gefärbte Flüssigkeit in eine neue Flasche abgegossen. Diese sollte mindestens drei bis vier Wochen stehen, ehe man das köstliche Getränk für den Gebrauch „freigibt".

Ein milder Trank

Zwiebelschnaps

Man nehme
$^{1}/_{2}$ l Alkohol, $^{1}/_{2}$ l abgekochtes Wasser, 500 g Zwiebel, 50 g Wacholderbeeren, 5—6 große Knoblauchzehen.

Alles wird sehr fein zerkleinert (Mixer), in ein Gefäß gegeben und acht Tage stehen gelassen. Diese Mixtur seiht man durch ein Sieb, dann gießt man sie durch einen Kaffeefilter und wiederholt diese Prozedur so lange, bis keine Restbestände zu sehen sind. Jeden Abend sollte man ein Gläschen trinken.

gegen Durchblutungsstörungen

„High"-Wodka

Man nehme
1 Flasche Wodka, Schalen von 1 Zitrone und 2 Orangen, 250 g entsteinte getrocknete Zwetschken, 1 Handvoll Pfefferminzblätter, 1 Stange Zimt.

Die angegebenen kleingeschnittenen Zutaten gibt man zu dem Wodka und läßt das Ganze an einem sonnigen Plätzchen 6—8 Wochen stehen, wobei man aufs Schütteln nicht vergessen sollte. Dann filtriert man und zieht auf Flaschen. Nach 2 Wochen wiederholt man die Prozedur des Filtrierens. Das Getränk ist jetzt schon trinkfertig, schmeckt aber nach einem Jahr besser als nach einem halben.

Sehr „russisch"

Bärenfang aus Ostpreußen

MAN NEHME
$^{1}/_{2}$ l Honig, $^{1}/_{2}$ l Obst- oder Kornschnaps, 1 geriebene Zitronenschale, 5 g Ingwer.

Man erwärmt den Honig, vermischt ihn mit dem Alkohol, fein geriebener Zitronenschale und etwas Ingwer und füllt das Ganze in Flaschen ab.

An kalten Wintertagen

Holunderschnaps

MAN NEHME
2 l Holunderbeeren, 2 l Wasser, 1 kg Zucker, Saft von $^{1}/_{2}$—1 Zitrone, 1 $^{1}/_{2}$ Zimtstangen, 3 Nelken, ein Stückchen Vanilleschote, $^{1}/_{2}$ l Weingeist.

Man bringt sämtliche Zutaten bis auf den Alkohol zum Kochen, drosselt dann die Temperatur und läßt die Flüssigkeit abkühlen, passiert sie durch ein Sieb und fügt den Weingeist (80%ig) hinzu. Man läßt den Schnaps einige Wochen im Dunkeln stehen, ehe man ihn „freigibt“.

Aromatisch

Schafgarben-Klarer

MAN NEHME
die jungen Blüten der weißen oder rosa Schafgarbe, läßt sie ein paar Tage im Schatten übertrocknen und pflückt die Blütenschirme ab. Mit einem Glas Klaren werden sie übergossen, so daß die Schirmchen von der Flüssigkeit bedeckt sind. Das ist dann auch schon die richtige Mischung. An einem kühlen Ort läßt man die Flüssigkeit stehen und filtert sie nach ein paar Tagen durch ein Tuch. In eine neue Flasche gegossen, stellt man sie ruhig, damit sie sich klären kann, und gießt nochmals um. Jetzt ist die Essenz fertig und kann beliebig verdünnt werden. Auch dieses Getränk gewinnt mit längerer Lagerzeit.

Im Juni ansetzen

Polnischer Walnußschnaps

MAN NEHME
10 grüne Walnüsse, $^{1}/_{2}$ l Wodka.

Die Walnüsse sind im Juli am besten zu ernten, dann nämlich, wenn ihre Schalen noch dick und grün sind, die darin enthaltenen Nüsse sich aber mit dem Messer noch gut teilen lassen. Man schneidet die Walnüsse in Stücke und übergießt sie mit dem Wodka. In einem gut schließenden Glas läßt man sie einige Wochen an der Sonne stehen, bis die Flüssigkeit ganz dunkel geworden ist. Man filtriert sie und gießt sie in eine neue Flasche. Dabei sollte man sie, um die Klärung nicht zu behindern, nicht schütteln. Diese Essenz sollte verdünnt werden, da sie sonst zu herb schmeckt.

Bei übersättigtem Magen

Nußschnaps aus Südtirol

MAN NEHME
5 Stück grüne Walnüsse (ungeschält), 1 l Alkohol, 250 g Zucker, 1 Anisstern, 10 Nelken, 150 g Zucker.

Man setzt das Ganze an und läßt es in einem weithalsigen Glas einen Monat in der Sonne stehen. Dann seiht man ab und gießt die Flüssigkeit in eine neue Flasche.

In Südtirol gesehen: einen Schluck Nußschnaps und ein Stück Apfel miteinander genossen! Köstlich!

Mit einem Apfel genießen

Benedictine

MAN NEHME
$^1/_4$ l Wasser, $^1/_2$ l Alkohol, kleinste Mengen: Nelkengewürz, Zimt, Majoran, Pfefferminzblätter, Lavendelblüten, Thymian, Rhabarber wurzel, Safran, Enzianwurzel, Absinth, Galantwurzel, 250 g Zucker und nochmals $^1/_4$ l Wasser.

Außer Lavendelblüten und Safran gibt man sämtliche Gewürze zu dem Alkohol und dem Viertelliter Wasser. Nach einer Stunde setzt man die beiden erwähnten Gewürze zu und läßt alles zusammen noch etwa eine Viertelstunde stehen. Den Zucker läutert man in $^1/_4$ l Wasser und gießt ihn an die Flüssigkeit. Man gießt das Ganze durch einen Filter, füllt es in gut schließende Flaschen und läßt den Benedectine 2—3 Monate ruhen.

← *Thymian*

Schmeckt besser als gekauft

Honigtrunk „Bärenfang“

MAN NEHME
350 g Honig, etwas Zimt, 2 Nelken, $^1/_2$ l Arrak, 1 l Schnaps, Obstler oder Klaren.

Den Honig gießt man in ein größeres Kochgefäß und läßt ihn bei geringer Temperatur flüssig werden. Die übrigen Zutaten gibt man dazu und läßt das Ganze bis zum Aufwallen heiß werden. Häufiges Rühren bitte nicht vergessen! Abkühlen lassen und in Flaschen füllen. Je länger er lagert, desto wohlschmeckender wird er.

Altersschönheit

Kiefernadelbitter

MAN NEHME
4 Handvoll im Frühjahr gepflückte, frische, junge und daher sehr aromatische Kiefernspitzen, legt sie in eine weithalsige Flasche und übergießt sie mit Alkohol, wobei es Ihrem Gusto überlassen bleibt, ob Sie einen Klaren, einen Obstler oder reinen Alkohol wählen. Dementsprechend ist dann der Geschmack. Auf jeden Fall müssen die Nadeln in dem Gefäß gut von der Flüssigkeit bedeckt sein. Man läßt sie ein bis zwei Tage ziehen, bis die Flüssigkeit schön hellgelb geworden ist. Die Essenz kann jetzt schon genossen werden, gewinnt aber durch längere Lagerung.
Kiefernadelbitter ist gut bei *Verdauungsbeschwerden,* aber auch bei *grippalen Infekten.* Besonders wirksam ist er, in heißem Wasser aufgelöst und am Abend vor dem Zubettgehen genossen.

Oma's Schlummertrunk

Magenbitter I

MAN NEHME
0,7 l Alkohol, 75 g Kandiszucker, 50 g Rosinen, 8 g Kümmel, 8 g Sternanis, 8 g Ingwerpulver, 8 g gemahlene Muskatnuß, 25 g Nelken.

Im Mörser werden die Gewürze zerstoßen, in eine Flasche gefüllt und mit dem Alkohol übergossen. Man läßt die Flüssigkeit zwei Wochen lang an einem warmen Ort stehen und schüttelt sie täglich. Dann läßt man sie nochmals drei Tage stehen, ohne sie zu schütteln, dann gießt man sie durch einen Filter, zieht sie auf Flaschen und läßt sie einige Wochen ruhen.

Würzig! Und obendrein noch heilend bei Magenbeschwerden.

Würzig

Magenbitter II

MAN NEHME
350 g Zucker, 350 ccm Wasser, 300 ccm Alkohol, und an Gewürzen: 0,5 g Nelken, 1 g Kalmuswurzel, 1 g Koriander, 3,5 g Orangenschale, 1 g Zimt, 6 g Galantwurzel, 1,5 g Enzianwurzel, 3 g Benediktenkraut, 3 g Tausendguldenkraut, 1,5 g Kardamom.

Die Gewürze werden in einem Mörser grob zerstoßen und mit 200 ccm Alkohol übergossen. An einem warmen Ort läßt man die Flasche 2 Wochen stehen, wobei man aufs Schütteln nicht vergessen sollte. Dann filtriert man, läutert den Zucker mit dem Wasser und gießt beide Flüssigkeiten zusammen. Den restlichen Alkohol fügt man gleichfalls bei. Dann läßt man die Flasche 6 Wochen an einem nicht zu warmen Ort stehen. Als letztes filtriert man, füllt in Flaschen und läßt den Bitter ziehen.

Bei Magenbeschwerden

Magenbitter III

MAN NEHME
1 kg Zucker, 4 l Alkohol, 8 g Weinstein, 8 g Tausendguldenkraut, 15 g Alantwurzel, 15 g Enzianwurzel, 24 g Sternanis, 8 g gewöhnlichen Anis, 100 g Pomeranzenschale.

Die Gewürze werden in den Alkohol getan und 2—3 Wochen darin stehen gelassen. Dann filtert man die Flüssigkeit und mischt sie mit dem geläuterten Zucker. Man zieht das Ganze auf Flaschen und läßt es einige Wochen ruhen.

Schmeckt für einen „Bitter“ angenehm!

Bittersüß

Magenbitter IV

MAN NEHME
1l Rum, 4 g Nelken, 4 g Kardamom, 100 g Enzianwurzel, 50 g Orangenschale, 6 g Zimtstange, 30 g rotes Sandelholz.

Die Gewürze schüttet man in den Rum und läßt sie einige Tage stehen. Dann gießt man durch einen Filter, zieht die Flüssigkeit auf Flaschen und läßt sie ruhen.

Etwas für Rum-Liebhaber!

Für Rum-Liebhaber

Magenbitter V

MAN NEHME
8 g Wermut, 8 g Tausendguldenkraut, 8 g Veilchenwurzel, 8 g Benediktenkraut, 90 g Pomeranzenschale, 4 g Zimtstange, 4 g Muskatnuß, 500 g Zucker, 2 l Weingeist.

Die Gewürze werden in den Alkohol geschüttet und dort 2—3 Wochen ziehen gelassen. Dann gießt man die Flüssigkeit durch einen Filter und vermischt sie mit dem geläuterten Zucker. Man füllt das Getränk in Flaschen und läßt es 4 bis 6 Wochen ziehen.

Schmeckt nach Wermut

Wermut →

Magenbitter VI

MAN NEHME
$^{1}/_{2}$ kg Zucker, 2 l Alkohol (Klarer, Obstler usw.), 12 g Sternanis, 8 g gewöhnlichen Anis, 7 g Alantwurzel, 4 g Tausendguldenkraut, 50 g Orangenschale, 7 g Enzianwurzel, 4 g Weinstein.

Sie werden sich fragen, wo Sie alle diese Ingredienzen besorgen sollen, aber Ihr Apotheker oder Drogist wissen da sicher Rat. Wichtig ist, daß die Mengenverhältnisse eingehalten werden und daß kein Gewürz vergessen wird. Mischen Sie alles fein säuberlich zusammen und übergießen Sie es mit dem entsprechenden Alkohol. Man läßt die Flüssigkeit einige Wochen stehen, dann filtert man sie und setzt den Zucker, den man in etwas Wasser geläutert hat, hinzu. In Flaschen abfüllen und stehen lassen.

← *Alantwurzel*

gegen kranke Mägen

Bitterer aus Tannennadeln

MAN NEHME
4 Handvoll junge Tannentriebe, am besten im Frühjahr gepflückt, wenn sie am aromatischesten sind. Man läßt sie einige Tage trocknen und löst die Nadeln ab. Dann schüttet man diese in ein gut schließendes Gefäß und übergießt sie mit der entsprechenden Menge Alkohol, wobei es sich um Obstbranntwein, Klaren oder einfachen Alkohol handeln kann. Das Glas bleibt 5—6 Tage im Kühlen stehen, dann filtriert man die Flüssigkeit und gibt sie in eine neue Flasche. Jetzt ist die Essenz fertig, schmeckt bitter und außerordentlich aromatisch. Man kann sie nach Belieben verdünnen, sei es durch neue Schnapszugabe, sei es mit destilliertem Wasser.

Gut bei Bronchitis

Magenbitter mit Wermut

MAN NEHME
1 l Weingeist (es kann auch ein anderer hochprozentiger Alkohol sein), 4 g Wermut, 4 g Tausendguldenkraut, 4 g Benediktenkraut, 1 Zimtstange, 4 g Veilchenwurzel, 40 g Orangenschale, 2 g Muskatnuß, 250 g Zucker.

Man schüttet die Gewürze in den Alkohol und gibt das Ganze in ein gut schließendes Gefäß. Dieses läßt man 2—3 Wochen stehen und filtriert dann die Flüssigkeit. Inzwischen läutert man den Zucker in einer entsprechenden Menge Wasser und vermischt die beiden Flüssigkeiten. In Flaschen füllen und im Arzneischrank aufbewahren.

Schmeckt so bitter, wie der Name es andeutet, ist aber außerordentlich wirksam!

Bitter, aber wirksam

Meisterwurz-Tinktur

MAN NEHME
einige Meisterwurzen, $^{1}/_{2}$ l Alkohol.

Die Meisterwurz ist etwas schwer zu bekommen, wenn es Ihnen aber gelingt, sollten Sie nicht versäumen, diese heilkräftige Tinktur anzusetzen. Man legt die Wurzen zusammen mit dem Alkohol in ein weithalsiges Glas und läßt sie einige Wochen im Dunkeln stehen. Dann seiht man sie ab.
Die erhaltene Tinktur ist ein ideales Heilmittel bei allerlei entzündlichen Prozessen; besonders hat sie sich bei Zahnfleischbluten bewährt. Man betupft das Zahnfleisch mehrmals täglich mit der Tinktur.

Kein Genußmittel

Kümmellikör

MAN NEHME
80 g Kümmel, den man leicht zerkleinert, 250 g weißen Kandiszucker, 1 l Obstler.

Alle Zutaten werden in einem Glasgefäß gemischt und 2—3 Wochen an einen warmen Ort — oder an die Sonne — gestellt, bis sich der Zucker völlig aufgelöst hat. Man filtriert die Flüssigkeit, zieht sie auf Flaschen und läßt sie ruhen.

Gut gegen Blähungen

Kümmeltrank

MAN NEHME
1 l Weingeist, 50 g Kümmel, 150 g Zucker.
Man setzt alle Ingredienzien zehn Tage lang an und läßt sie gut verschlossen ziehen. Dann seiht man ab und erfreut sich an dem würzigen Geschmack.
Kümmel ist außerordentlich magenfreundlich. Ein Gläschen dieses Trankes, nach üppigem Essen genossen, ist eine Wohltat. Kümmel wird zudem stillenden Müttern empfohlen, da er die Milchsekretion anregt.

Für stillende Mütter

Süßer Himbeertrunk

MAN NEHME
1 l Himbeersaft aus frisch gepreßten Früchten, 500 g Zucker, ein Stückchen Zimtstange, 2 Nelken, 2 l Cognac.

Alle Zutaten werden gemischt und an einem sonnigen Platz gelagert. Dann filtriert man die Flüssigkeit, zieht sie auf Flaschen und läßt sie ruhen, so lange es möglich ist (mindestens 3 Monate). Verraten Sie Ihren Familienangehörigen nicht zu früh, wie köstlich dieser Trunk schmeckt!

Achtung vor Naschkätzchen

Erfrischender Himbeertrank

MAN NEHME
1 kg Himbeeren, 1 l Alkohol (96%ig), 250 g Zucker, ca. 1 l Wasser.

Die Himbeeren werden sorgfältig verlesen, gewaschen, abgetropft und leicht zerdrückt. Man füllt sie zusammen mit dem Alkohol in eine große, weithalsige Flasche, die man ca. 4 Wochen an der Sonne stehen läßt.
Je nach Belieben mischt man Wasser und die angegebene Zuckermenge und läßt 15—20 Minuten aufkochen. Die Geschmäcker hinsichtlich des Alkoholgehaltes gehen sehr auseinander. Manche mögen's ganz scharf

und nehmen nur wenig Wasser, andere rechnen auf 1 l Alkohol gleich viel Wasser. Sobald man die beiden Flüssigkeiten miteinander gemischt hat, ist das Getränk fertig.

Möglichst lange lagern

Himbeersaft für Erwachsene

MAN NEHME
1 kg gut verlesene Himbeeren, $^1/_2$ kg Zucker, $^1/_4$ l Wasser, 6—8 Stück grob zerstoßene Kirschenkerne, Saft einer halben Zitrone, $^1/_2$ l Weingeist.

Zucker, Wasser, Kirschenkerne und Zitronensaft werden unter Rühren tüchtig aufgekocht und über die Himbeeren gegossen. Am nächsten Tag wird die Fruchtmasse unter Rühren aufgekocht, durch ein Tuch geseiht und nochmals bis zum Kochen erhitzt, worauf man den Weingeist zugießt, abermals durch ein Tuch filtert und das Getränk hierauf in Flaschen füllt.

Liebt die Dunkelheit

Erdbeerlikör

MAN NEHME
1 kg Gartenerdbeeren, 1 l Weingeist, 250 g Zucker, vier Erdbeerblätter, 1 l Wasser.

Die Erdbeeren werden gesäubert, abgetropft und zerdrückt. Das Mus gibt man zusammen mit dem Weingeist in gut schließende Flaschen, die man ca. vier Wochen lang in der Sonne stehen läßt. Man fischt die zugesetzten Erdbeerblätter heraus. Inzwischen hat man aus der Zuckermenge und ca. 1 l Wasser einen Sirup gekocht, den man dem Erdbeersaft beimischt. In gut schließenden Flaschen hält sich dieser köstliche Trank jahrelang, sofern er nicht von Naschkätzchen vorher ausgetrunken wird.

Zur Erdbeerzeit ansetzen

Und nochmals Erdbeerlikör

MAN NEHME
1 kg sauber verlesene Wald- oder Gartenerdbeeren, 400 g Zucker, 1 l Cognac, 300 g Zucker, $^{1}/_{4}$ Wasser.

Die Erdbeeren werden mit einer Gabel zerquetscht, mit dem Zucker in eine weithalsige Flasche gefüllt, mit dem Cognac untermischt und vier Wochen unter täglichem Schütteln bei Zimmertemperatur ziehen gelassen. Danach wird der Saft durch ein Tuch geseiht. Nun kocht man die zweite angegebene Zuckermenge mit $^{1}/_{4}$ l Wasser 5 Minuten, fügt den geseihten Erdbeerlikör dazu, filtert das Ganze nochmals durch ein Tuch und füllt den Likör sogleich in reine Flaschen, die verkorkt so aufbewahrt werden, daß keine Leckermäuler drankönnen.

Etwas für Süßschnäbel

Walderdbeerlikör

MAN NEHME
600 g reife Walderdbeeren, 1 l Weinbrand, $^{1}/_{2}$ Vanilleschote, 600 g Zucker, 2 l Wasser, 2 l Alkohol.

Die Erdbeeren pürieren und in ein weit offenes Glas geben. Den Weinbrand und die Vanilleschote dazugeben. Alles gut verrühren, das Glas fest verschlossen 2 Wochen stehen lassen. Dann läßt man den Saft durch ein Tuch laufen. Den Zucker löst man in Wasser auf und läßt etwa 20 Minuten kochen. Den abgekühlten Zuckersirup mischt man mit dem Erdbeersaft und dem Alkohol. Die so entstandene Flüssigkeit läßt man durch ein Filterpapier laufen. Den Walderdbeerlikör in Flaschen füllen und kühl stellen.

Rot und gut

Stark alkoholisches Bier-Gebräu

MAN NEHME
2 l dunkles Bier, 1 kg Zucker, 2 Vanillestangen, ein kleines Stück Ingwerwurzel, die man fein reibt, die sehr dünn abgeschnittene Schale einer halben Zitrone, 1 $^{1}/_{4}$ l Alkohol aus der Apotheke.

Das Bier wird, so erstaunlich es auch klingen mag, gekocht und der Zucker so lange darin verrührt, bis er sich ganz gelöst hat. Dann gibt man die aufgeschnittenen Vanillestangen und die Zitronenschale dazu und köchelt nochmals etwa 15 Minuten. Man läßt abkühlen und vermischt mit dem Alkohol. Filtrieren und in Flaschen abfüllen.

Für Bier-Liebhaber

Kaffeetrunk

MAN NEHME
1 Flasche Malzbier, 2 Eßlöffel feingemahlenen Kaffee, 200 g Zucker, etwas Vanillin, $^1/_4$ l Alkohol.

Das Malzbier und der Zucker werden aufgekocht. Den Kaffee gibt man dazu und bringt das Ganze noch einmal zum Kochen. Auskühlen lassen und durch ein Tuch seihen. Nach dem völligen Erkalten setzt man das Vanillin und den Alkohol hinzu. Man schüttelt die Flüssigkeit mehrmals, ehe man sie zur endgültigen Lagerung in eine neue Flasche füllt.

Zum Kaffee-Klatsch

Preiselbeerlikör

Man nehme
1 kg Preiselbeeren, 1 l Alkohol (96%ig), 250 g Zucker, 1 l Wasser.

Die Preiselbeeren werden verlesen, gewaschen, abgetropft und zerdrückt. Man gießt sie zusammen mit dem Alkohol in ein weithalsiges großes Glas, das man einige Wochen lang gut verschlossen in der Sonne stehen läßt, so lange nämlich, bis die Beeren „bleichgesichtig" geworden sind.
Den Zucker kocht man mit 1 l Wasser, bis eine Art Sirup entstanden ist, den man auskühlen läßt. Die Beeren werden durch ein Tuch gefiltert und die Flüssigkeit mit dem Sirup gemischt. Auch dieser köstliche Trank gewinnt mit dem Alter.

Im Herbst ansetzen

Preiselbeeren →

Kühler Pfefferminztrunk für heiße Tage

MAN NEHME
1 kleinen Bund Minzblätter, $^{1}/_{2}$ l reinen Alkohol, $^{3}/_{4}$ l Wasser, 200 g Zucker.

Die Minzblätter legt man in gut schließendem Gefäß in den Alkohol ein und läßt sie 8—10 Tage ziehen. Die herrlichgrüne Flüssigkeit mischt man mit etwas mehr als $^{1}/_{2}$ l Zuckerwasser (dick eingekocht), filtriert das Ganze und drückt die bröselig gewordenen Blätter gut aus. In Flaschen füllen, an heißen Sommertagen mit Mineralwasser aufgießen. Ein Würfel Eis dazu, und fertig ist ein erfrischender Trunk, den man — so lange der Vorrat reicht — immer wieder neu genießen kann.

← Pfefferminze

Erfrischend

Heidelbeerlikör

MAN NEHME
$^{1}/_{2}$ kg Heidelbeeren, $^{1}/_{2}$ l Alkohol, 125 g Zucker, $^{1}/_{2}$ l Wasser.

Die Heidelbeeren werden sorgfältig verlesen, gewaschen und zerdrückt. Das Mus wird mit dem Alkohol in ein großes Glas gegeben. Dieses läßt man, gut verschlossen, 4—6 Wochen an einem sonnigen Platz stehen, wobei man öfter schütteln sollte.
Den Zucker läßt man in $^{1}/_{2}$ l Wasser gut aufkochen und den Sirup abkühlen. Die Heidelbeermasse wird durchgeseiht und die beiden Säfte miteinander gemischt. Man füllt in Flaschen ab und läßt den Likör lagern.

Gegen Durchfall

Gewürzter Heidelbeerlikör

MAN NEHME
Saft von 1 kg Heidelbeeren, $^{1}/_{4}$ l Alkohol, 250 g Zucker, 2 Gewürznelken, 1 Stange Zimt.

Den Heidelbeersaft, Gewürznelken und Zimtrinde in einem großen Topf $^{1}/_{4}$ Stunde kochen. Den Zucker gibt man in eine Schüssel, gießt den noch kochenden Heidelbeersaft darüber. Diesen Sud läßt man einige Stunden stehen. Man kontrolliert öfter, ob sich der Zucker aufgelöst hat. Ist es so weit, dann gießt man den Saft durch ein Tuch. Anschließend kocht man das Ganze noch einmal auf. Wenn der Saft abgekühlt ist, gießt man den Alkohol dazu. Man füllt in Flaschen ab und verkorkt diese gut. An einem recht dunklen Ort fühlt der Likör sich am wohlsten. Bezähmen Sie Ihre Neugierde und öffnen Sie die Flaschen nicht, bevor mindestens ein halbes Jahr vergangen ist!

Sechs Monate lagern!

Heidelbeertrank I

MAN NEHME
1 kg Heidelbeeren, 3 Gewürznelken, 1 Stück Zimtrinde, ein kleines Stückchen Ingwer, 1 kg Zucker, $^1/_2$ l Weingeist, $^1/_2$ l Kornbranntwein, 1 $^1/_2$ l Wasser.

Die Heidelbeeren werden verlesen, gewaschen und zusammen mit den Gewürzen in 1 $^1/_2$ l Wasser weichgekocht. Den Zucker gibt man in eine große Schüssel und gießt die Heidelbeermasse darüber. Man stellt das Ganze über Nacht kühl, wobei man aufs Zudecken nicht vergessen sollte. Am nächsten Tag läßt man den Sud durch ein Tuch laufen und stellt ihn an ein ruhiges Plätzchen, damit er sich absetzen kann. Der klare Saft wird erwärmt und

dann vom Herd genommen. Man gießt die beiden Schnäpse zu und füllt den Trank in saubere Flaschen. Nach Ablauf von nur zwei Wochen kann man ihn versuchen.
Heidelbeeren helfen gegen Durchfall sowie bei Darmentzündungen.

Für die „Innereien" gut

Heidelbeertrank II

MAN NEHME
1 l sauber verlesene Heidelbeeren, $^{3}/_{4}$ l Wasser, ein Stückchen Zimtrinde, 2 Gewürznelken, 600 g Zucker, $^{1}/_{2}$ l Weingeist.

Heidelbeeren, Wasser und Gewürze werden zugedeckt langsam 15 Minuten gekocht und hierauf über den Zucker in eine Schüssel gegossen. Das Ganze läßt man über Nacht kalt stehen, worauf man den Saft durch ein feuchtes Tuch filtert und nochmals bis zum Kochgrad erhitzt. Nun gießt man den Weingeist hinzu, läßt gut zugedeckt auskühlen, worauf das Getränk nochmals durch ein Tuch gefiltert, in eine Flasche gefüllt und verkorkt aufbewahrt wird.

Man kann auch halb Weingeist, halb Cognac nehmen.

Hat würzigen Geschmack

Creme de Cassis

MAN NEHME
Ebensoviel Schwarze Johannisbeeren wie Zucker, Weißwein zum Verdünnen.

Dieser aus Frankreich stammende köstliche Trunk ist nur schwach alkoholisch, das heißt, man kann seinen Alkoholgehalt nach Belieben variieren. Man bereitet ihn anders zu als die üblichen Getränke, nämlich so:
Man gießt in einen Rumtopf abwechselnd eine Schicht gut gewaschene Schwarze Johannisbeeren und Zucker, achtet darauf, daß der Topf nach Möglichkeit gut gefüllt ist, und stellt ihn einige Monate an einen kühlen Ort. In der Zwischenzeit sollte man das Gefäß einigemal schütteln. Nach Ablauf dieser Frist filtert man das Getränk durch ein Leinentuch und gießt es in saubere Flaschen.

Mit Weißwein verdünnen

Holunderlikör

MAN NEHME
1 kg Holunderbeeren, 1 l Alkohol, 250 g Zucker, $^{1}/_{2}$—1 l Wasser.

Die Holunderbeeren werden verlesen, gut gewaschen und abgetropft. Man zerdrückt sie und füllt sie zusammen mit dem Alkohol in ein weithalsiges Glas. Dieses stellt man für 6—8 Wochen an ein sonniges Plätzchen, nämlich so lange, bis die Farbe ausgezogen ist. Dann filtert man den Saft.
Den Zucker kocht man in ca. $^{1}/_{2}$—1 l Wasser auf und erzeugt durch längeres Kochen eine Art Sirup. Diesen mischt man mit dem Holundersaft. Das Gemisch wird in Flaschen gefüllt und möglichst lange an einen dunklen Ort gestellt, wo es vor Naschkatzen sicher ist.

Schöne Farbe

Holundersekt

MAN NEHME
4 l Wasser, 3—4 Zitronen, 660 g Zucker, $^{1}/_{4}$ l Essig, 6 Dolden Holunder.

Wasser, Essig, Zucker werden aufgekocht und ausgekühlt. Die Zitronen schneidet man in Scheiben, gibt sie mitsamt den Holunderdolden in ein großes Glas und übergießt sie mit dem Sud. Man läßt die Flüssigkeit 1—2 Tage stehen, dann gießt man sie durch ein Haarsieb und füllt sie in Flaschen ab. Man verkorkt gut, wundert sich aber nicht, wenn ab und zu so ein Korken „in die Luft“ geht. Nach ca. zehn Tagen ist der Sekt so weit, daß man ihn trinken kann.

Sommergetränk

„Heißer“ Zitronen-„Saft“ I

MAN NEHME
zwei sehr reife und saftige Zitronen, nach Möglichkeit 1 Limone, 300 g Zucker, ein Stückchen Zimtstange, etwas gestoßenen Koriander, $^{1}/_{8}$ l Wasser, 1 l Cognac.

Zucker und Wasser werden aufgekocht, bis die Flüssigkeit dicklich ist. Abkühlen lassen. Die Früchte werden hauchdünn abgeschält und die Schalen zusammen mit dem Zuckersirup, dem Saft der Früchte, den Gewürzen und dem Cognac in eine weithalsige Flasche gefüllt. Diese läßt man zwei bis drei Wochen an der Sonne stehen. Dann wird die Flüssigkeit filtriert und auf Flaschen gezogen.

„Heißer“ Saft – kalt serviert

„Pour les dames“

(Zitronengetränk)

MAN NEHME

1 l Weingeist (95%ig), 1 l Milch, 1 Zitrone, in Scheiben geschnitten, 1 Vanillestange, 1 kg Zucker.

Man läßt die Zutaten bis auf den Zucker in einer mit einem Tuch bedeckten Schüssel 15 Tage lang in einem kühlen Raum stehen, dann fügt man den Zucker bei. Man füllt in Flaschen und läßt diese nochmals 24 Stunden lang stehen, bis sich der Zucker ganz gelöst hat. Dann gießt man durch ein Tuch und nochmals durch einen Filter.

Besonders von Damen gepriesen

Cointreau mit originellem „Vorleben“

MAN NEHME
ein gut schließendes hohes Weckglas, einen Bindfaden, eine (möglichst ungespritzte) Orange, $^{1}/_{2}$ l reinen Alkohol (95%ig).

Den Bindfaden schlinge man kreuzweise um die Orange und knote oben fest zusammen. Dieses Gebilde hängt man in das hohe Weckglas, in dem sich $^{1}/_{2}$ l Alkohol befindet. Wichtig ist, daß die Orange knapp oberhalb des Flüssigkeitsspiegels hängt, diesen aber nicht berührt. Man schließe das Glas und lasse es zwei Wochen stehen, worauf sich der Alkohol gelblich verfärbt. Diese Flüssigkeit vermische man mit $^{1}/_{2}$—$^{3}/_{4}$ l Zuckerwasser, wobei es sich als trefflich erweist, wenn dieses

leicht dickflüssig ist, was man durch längeres Kochen erreicht.
Sodann fülle man den fertigen Cointreau in eine entsprechende Flasche und bewahre ihn möglichst lange auf. Er gewinnt von Jahr zu Jahr — aber sicher geht's Ihnen so wie mir, und Sie kosten ihn schon nach zwei Tagen.

Schmeckt köstlich

Mandarinentrunk

MAN NEHME
12 Mandarinen, 1 l Alkohol, 1 l Wasser, 250 g Zucker, zusätzlich 100 g Zucker zum Färben.

12 Mandarinen werden sehr sorgfältig geschält, so daß keine Fäden vorhanden sind. Sie werden in Scheiben geschnitten, die man 5—6 Tage gut verschlossen, bedeckt mit Alkohol liegen läßt. Dann wird die Flüssigkeit abgeseiht. Der Zucker wird mit dem Wasser gesponnen. Aus der zweiten Zuckermenge bereitet man einen Karamel, gießt mit etwas Wasser auf und mischt die so gewonnenen Flüssigkeiten zum Alkohol. Sollte längere Zeit, mindestens aber 3 Monate lagern!

Liegend aufbewahren

Orangenblütenlikör

Man nehme
50 g Orangenblüten, 1 l hochprozentigen Alkohol, 300 g Zucker, $^{1}/_{2}$ l Wasser.

Die Zeit, da im Süden die Orangenbäume in voller Blüte stehen, sollten Sie nützen, diesen herrlichen Likör anzusetzen. Orangenblüten stecken sich in Italien die jungverheirateten Frauen in die Haare. Nun, das werden Sie wahrscheinlich nicht können, aber die duftenden Blüten verarbeiten, das ist auch Ihnen gegeben. Lassen Sie 50 g Orangenblüten 4 Tage lang in dem Alkohol ziehen. Dann filtern Sie die Mischung und fügen den in Wasser aufgelösten Zucker hinzu. Füllen Sie den Likör in Flaschen. Wenn Sie ihn eines Tages feierlich „freigeben", wird der Blütenduft das ganze Haus durchziehen.

Abendlicher Beruhigungstrank

Orangentrunk aus Bozen

MAN NEHME
16 reife Orangen, 1 l Alkohol (96%ig), $^{5}/_{8}$ l Wasser, 700 g Zucker, 16 Stück Würfelzucker, $^{1}/_{8}$ l Wasser.

Die reifen Orangen werden ganz fein geschält, so daß nichts von dem Weißen an der Schale haften bleibt. Man gibt diese Schalen in den Alkohol, den man drei Wochen lang an einem warmen Ort stehen läßt, wobei man aufs tägliche Schütteln nicht vergessen sollte. Nach Ablauf dieser Frist wird das Wasser mit der angegebenen Menge Zucker gemischt und so lange gekocht, bis die Flüssigkeit schwere Tropfen wirft. Inzwischen bräunt man extra 16 Stück Würfelzucker mit $^{1}/_{8}$ l Wasser und fügt diese stark färbende Substanz dem Alkohol bei.

Echt Südtirol

Safran →
– siehe Rezept „Benedictine", Seite 55.

Hochprozentiges Tutti-Frutti

Man nehme
1 saftige, reife Orange, die dünn abgeschälte Schale einer halben Zitrone und einer halben Grapefruit, $^1/_2$ l Alkohol, 500 g Zucker, 1 l Wasser.

Die Orange umwindet man mit zwei Stückchen Bindfadens so, daß man oben einen Knoten machen kann. Man hängt sie an diesen Fäden in ein weithalsiges Glasgefäß. In dieses gießt man $^1/_2$ l reinen Alkohol aus der Apotheke und legt die Früchteschalen hinein. In diesem vielversprechenden Zustand läßt man das Glas zwei Wochen kühl stehen. Dann erzeugt man aus 500 g Zucker und 1 l Wasser, (gut 20 Minuten lang kochen) einen dicklichen Sirup, den man mit dem herrlich gefärbten Tutti-Frutti-Saft mischt. Man filtert diesen einmal und füllt in Flaschen ab. Wenn sich der Saft geklärt hat, gießt man vorsichtig um in eine neue Flasche.

← Veilchen
(siehe Rezept „Magenbitter“ S. 62)

Quittenlikör

MAN NEHME
1 kg Quitten, 1 l Weingeist, 250 g Zucker, 1 Kaffeelöffel Zimt, 4 bittere Mandeln, Saft einer Zitrone, 1 l Wasser.

Die Quitten werden von ihrem „Pelz“ befreit, ebenso vom Kerngehäuse. Dann hackt man sie ganz fein. Zusammen mit dem Zimt, den zerkleinerten bitteren Mandeln, dem Zitronensaft und dem Weingeist werden sie in ein großes Glas gefüllt. Dieses läßt man an einem sonnigen Plätzchen stehen.
Nach ca. sechs Wochen vermischt man den Fruchtsaft mit dem Sirup, den man aus der Zuckermenge und ca. 1 l Wasser gewonnen hat. Man füllt in Flaschen ab und läßt das Getränk möglichst lange liegen. Schmeckt nach 2 Jahren besser als nach einem!

Allerschönheit [?]

Ebereschentrank

MAN NEHME
250 g Ebereschenbeeren (Vogelbeeren), 1 l Alkohol, 1 $^1/_4$ l destilliertes Wasser, 1 $^1/_4$ kg Zucker.

Die Ebereschenbeeren werden verlesen und gewaschen. Inzwischen hat man sich in der Apotheke das destillierte Wasser besorgt. Man schüttet die Beeren in ein großes, weithalsiges Glas, übergießt sie mit dem Alkohol und dem Wasser und läßt das Glas eine Woche in der Sonne stehen. Man seiht die Flüssigkeit ab, preßt die Beeren aus und filtert. In diese Flüssigkeit gießt man den in $^1/_2$ l Wasser gelösten und aufgekochten Zucker. Man füllt in Flaschen ab, stellt sie an einen dunklen Ort, wo sie für mindestens 8 Wochen bleiben sollen.

Gesund und gut

Hagebuttentrank

Man nehme
$^{1}/_{2}$ kg Hagebutten, $^{1}/_{2}$ l Weingeist, $^{1}/_{2}$ l Kornbranntwein, 1 kg Zucker.

Die Hagebutten sollten wenn möglich einmal vom Frost erwischt worden sein, denn dann sind sie am wohlschmeckendsten. Man entstielt sie, zerquetscht sie in einem Mörser oder zerkleinert sie mit dem Mixer. Man gießt sie mit dem Weingeist und dem Kornbranntwein auf. Den Zucker kocht man in $^{3}/_{4}$ l Wasser eine Viertelstunde lang, so daß eine Art Sirup entsteht. Diesen gießt man in heißem Zustand über die Früchte. Man gießt das Ganze in ein weithalsiges Glas, das man

fest verschließt und 10 Tage an die Sonne stellt. Dann gießt man die Flüssigkeit durch ein Leinentuch, füllt in saubere Flaschen und läßt noch einige Wochen lagern.
Hagebutten sind überaus reich an Vitamin C und Provitamin A, viel reicher als Zitrusfrüchte.

stark harntreibend

Hagebuttenlikör

MAN NEHME
1 kg Hagebutten, 1 l Weingeist, 250 g Zucker, $^{1}/_{4}$ l Wasser.

Die Hagebutten werden geteilt und von den Kernen befreit, gut gewaschen und getrocknet. Man füllt sie in ein gut schließendes Gefäß und übergießt sie mit dem Weingeist. Dicht verschlossen läßt man sie ca. 6 Wochen lang ziehen.
Den Zucker kocht man mit $^{1}/_{4}$ l Wasser auf, etwa 20 Minuten lang. Die Flüssigkeit aus dem Gefäß wird gefiltert und mit dem Zuckersirup gemischt. Das Ganze füllt man in Flaschen ab.

Herbstvergnügen

Schlehenlikör

MAN NEHME
1 kg reife Schlehenfrüchte, 1 l Weingeist, 250 g Zucker, 1 Vanillestange.

Die Schlehenfrüchte werden gut verlesen und gewaschen und zusammen mit dem Weingeist in ein gut schließendes Glas gefüllt. Dieses läßt man 6—8 Wochen im Schatten stehen, dann filtert man die Flüssigkeit. Den Zucker kocht man ca. 1/4 Stunde lang mit 1 l Wasser und mischt den so entstandenen Sirup mit dem Alkohol. Man füllt in Flaschen, die man gut verschließt und an einem ruhigen Platz einige Monate lagert.

Schlehenfrüchte besorgen

Aprikosentrank

MAN NEHME
1 kg sehr reife Aprikosen, 200 g Zucker, 1 Eßlöffel Honig, 2 Gewürznelken, 6—8 Stück aufgeschlagene und grobgehackte Innenkerne, $^1/_4$ l Weingeist.

Die Aprikosen werden halbiert, entkernt, grob geschnitten und in eine passende Flasche gefüllt. Honig, Gewürznelken, die gehackten Kerne und der Weingeist werden hinzugefügt. Das Ganze läßt man verkorkt 4—6 Wochen bei Zimmertemperatur stehen, wobei man aufs Schütteln nicht vergessen sollte. Hierauf wird die Flüssigkeit durch ein Leinentuch geseiht und dabei schwach gepreßt. Der

Fruchtrückstand wird mit $^{1}/_{4}$ l Wasser aufgekocht und über den Zucker gepreßt. Diese Zuckerlösung läßt man unter Aufschäumen kochen und gießt hierauf den Likör sogleich dazu. Nach gutem Durchmischen wird dieser feine Likör nochmals durch ein Tuch gefiltert und verkorkt kühl aufbewahrt.

Mit Cognac verfeinern

Süßer Aprikosentrunk

MAN NEHME
24 reife Aprikosen, je reifer, desto wohlschmeckender ist das Endresultat, $^1/_4$ kg Zucker, ein Stückchen Zimtstange, 5 Nelken, 1 l Schnaps, es kann auch ein Klarer sein oder gewöhnlicher Alkohol aus der Apotheke.

Die Aprikosen werden entsteint, die Kerne im Mörser gestoßen. Ihr Zusatz ist das berühmte „Tüpfelchen auf dem I" hinsichtlich des Geschmackes. Zucker, Gewürze und Schnaps werden hinzugefügt. Das Ganze läßt man etwa drei Wochen an einem sonnigen Platz stehen und besucht es häufig, um es zu schütteln. Dann filtriert man die Flüssigkeit, zieht sie auf Flaschen und läßt sie ruhen.

Bitte schütteln

Süßer Bananentrunk

MAN NEHME
1 Banane, $^1/_2$ l Alkohol, 250 g Zucker, $^1/_2$ l Wasser.

Eine sehr reife und daher aromatische Banane, schäle sie und lege die Frucht in ein entsprechendes Stückchen Gaze, einen Fleck eines dünnen Stores — Stoffes oder etwas ähnliches —, fügt 250 g Zucker, der in $^1/_2$ l Wasser aufgekocht wurde, dazu. Man hängt dieses Säckchen so in ein weithalsiges Glasgefäß, daß es die Oberfläche der Flüssigkeit nicht berührt. Die Flüssigkeit ist $^1/_2$ l Alkohol aus der Apotheke. In diesem Zustand beläßt man das fest verschlossene Glas etwa zwei Wochen lang. Dann gießt man die gelb gefärbte Flüssigkeit durch einen Filter, läßt aber zur Vorsicht die Flasche, in die man das Ganze gegossen hat, noch einige Tage ruhig stehen, bis es sich völlig geklärt hat. Dann gießt man in eine neue Flasche um.

Gewürzter Rosentrank

MAN NEHME
150 g Rosenblütenblätter, $^1/_2$ l Schnaps, 250 g Zucker, 1 Zimtstange, 3 Korianderkörner.

Es versteht sich von selbst, daß man versuchen wird, die Rosenblätter nur von wohlriechenden Rosensorten zu wählen — je duftender, desto aromatischer wird der Rosenschnaps sein. Die Blütenblätter werden verlesen, gewaschen, abgetropft und in eine Schüssel gelegt. Angewärmtes Wasser wird darübergegossen, in dem man sie ein bis zwei Tage stehen läßt. Man läßt die Flüssigkeit durch ein Tuch laufen und setzt dem so Gewonnenen den Schnaps, Zucker und Gewürze zu. Man füllt das Ganze in Flaschen und läßt es zwei

Wochen stehen. Dann filtert man den Trank, füllt wieder in Flaschen und lagert diese noch einige Wochen.
Zur Zeit der alten Römer gab es fast nichts, was nicht mit Rosenblüten garniert gewesen wäre.

Altertümlicher Damentrank

Rosenlikör

MAN NEHME
150 g Blütenblätter duftender Rosen, $^{1}/_{2}$ l Alkohol, 750 g Zucker, $^{1}/_{2}$ l Wasser.

Man verliest die Rosenblätter sorgfältig, wäscht und trocknet sie und gibt sie in eine Flasche, die man mit dem Alkohol aufgießt. Man verschließt das Gefäß und läßt es ca. zwei Wochen lang im Dunkeln stehen. Danach macht man aus dem Zucker und der angegebenen Wassermenge eine Art Sirup, läßt ihn erkalten und gießt ihn an den Rosensaft. Man filtert das Ganze durch ein Leinentuch und füllt es in Flaschen. Einige Wochen lagern!

Aus duftenden Rosen

Und noch einmal Rosenlikör!

MAN NEHME
150 g Rosenblätter, 1/2 l Wasser, 1/2 l Alkohol, 250 g Zucker, etwas Zimt, ein paar Korianderkörner.

Sammeln Sie alle Rosenblätter, die Sie finden können, ganz egal, von welcher Farbe. Die Hauptsache ist, sie duften. Legen Sie sie in eine große Porzellanschüssel und gießen 1/2 l warmes Wasser darauf. Dann filtern Sie durch ein Gazetuch. Nun fügen Sie den Alkohol bei, den Zucker, etwas Zimt und ein paar Korianderkörner. Sie lassen die Flüssigkeit zwei Wochen kühl stehen, dann filtern Sie und füllen in eine Flasche ab.

Im Flacon servieren

Rotweinlikör

Man nehme
1 l Rotwein, $^{1}/_{2}$ l Rum, $^{1}/_{4}$ l Weingeist, 800 g Staubzucker, 1 Paket Vanillezucker.

„Man rührt die Flüssigkeit eine halbe Stunde lang mit dem Schneebesen“ — so hieß es in dem alten Rezept, das mir meine Mutter vermacht hat. Heute geht’s mit der Maschine viel rascher. Der Zucker muß jedenfalls gut aufgelöst sein, wenn man die Flüssigkeit in Flaschen abfüllt.

Rasch genießbar

Ananastrunk

MAN NEHME
$^{1}/_{4}$ Ananasfrucht, $^{1}/_{2}$ l Alkohol, $^{3}/_{4}$ l Wasser, 250 g Zucker.

$^{1}/_{4}$ sehr reife und daher hocharomatische Ananas und lege sie vorsichtig in ein Stückchen Gaze oder alten Vorhangstoff. Man formt eine Art Beutel, den man in ein weithalsiges Glas hängt, in dem sich $^{1}/_{2}$ l Alkohol befindet. Die Frucht sollte, damit das Endresultat klar wird, die Flüssigkeitsoberfläche nicht berühren. Nach Ablauf von zwei Wochen holt man die Ananas heraus und gießt ungefähr gleich viel Zuckersirup an die Essenz. Zuckersirup erhält man, wenn man die benötigte, je nach Geschmack abgemessene Zuckermenge mit der entsprechenden Wassermenge mischt und ca. 20 Minuten lang köcheln läßt. In der Praxis hat es sich bewährt, daß man das Glas einige Tage lang ruhig stehen läßt und den Inhalt dann vorsichtig in eine neue Flasche umgießt. So wird der Ananastrunk ganz klar.

Schmeckt nach Südsee

Weichsel-Mischgetränk

Man nehme
1 kg entkernte Weichseln, 100 g zerquetschte Himbeeren, 50 g Johannisbeeren, 20 Stück zerstoßene Weichselkerne, 3 Gewürznelken, ein halbfingerlanges Stückchen Zimtrinde, $^3/_4$ l reinen Weingeist, $^3/_4$ l Wasser, 750 g Kristallzucker.

Alle Zutaten bis auf das Wasser werden in eine Flasche gefüllt und gut verkorkt 2—3 Wochen an ein sonniges Fenster gestellt. Nach dieser Zeit kocht man den Zucker mit dem Wasser unter Abschäumen 5 Minuten und gießt diesen Sirup nach dem Auskühlen zu den

Weichseln, die man neuerdings eine Woche verkorkt im Dunklen stehen läßt. Zuletzt wird die Flüssigkeit durch ein feuchtes Leinentuch gefiltert und verkorkt aufbewahrt. Der Fruchtrückstand kann mit $^{1}/_{2}$ l Wasser tüchtig aufgekocht, durch ein Tuch gefiltert und zu dem Getränk gemischt werden.

Vollmundig

Weichseltrank

MAN NEHME
1 1/2 kg Weichseln, 1 l gesponnenen Zucker, (1 1/2 l Wasser, 250 g Zucker), 1 Stange Vanille, 1/2 l Alkohol, 96%ig.

Die reifen Weichseln werden entstielt, in eine große Glasflasche gegeben und mit dem etwas überkühlten gesponnenen Zucker übergossen. Die Vanillestange und der Alkohol werden zugesetzt. Die Flasche wird verkorkt und für zwei bis drei Wochen an die Sonne gestellt. Wenn einem die Lust steht nach einem kräftig rot gefärbten Trank ohne „Beilage", so seiht man die Weichseln ab. Mehr anzuraten ist es freilich, man läßt sie in dem Trank.

Mit Löffelchen servieren

Schokoladelikör I

MAN NEHME
100 g Schokolade, 200 g Zucker, $^{1}/_{2}$ l Milch, $^{1}/_{8}$ l Weingeist, $^{1}/_{8}$ l Cognac.

Die Schokolade wird fein geschnitten und mit dem Zucker und der Milch unter ständigem Rühren gekocht, worauf man die beiden Alkoholika daruntermischt. Nach dem Erkalten füllt man in eine Flasche und läßt den sehr köstlichen Likör 14 Tage kalt stehen.

Die einfachere Methode

Haselnußlikör

Man nehme
1 kg frische Haselnüsse, 1 l Weingeist, 250 g Zucker, 1 Kaffeelöffel Nelkengewürz, 1 Kaffeelöffel Zimt, Schale einer Orange.

Die Haselnußkerne hackt man in kleine Stücke und füllt sie in ein großes Glas. Den Weingeist gießt man darüber. Das gut verschlossene Glas stellt man vier Wochen an die Sonne und vergißt nicht, es täglich zu schütteln. Nach vier Wochen entfernt man die Nüsse, gibt Zimt, Nelkengewürz und Orangenschale zum Weingeist und läßt das Glas nochmals eine Woche stehen. Den Zucker kocht man mit einer beliebigen Menge

Wasser, je nachdem, wie stark konzentriert man den fertigen Likör haben möchte, mindestens aber $^{1}/_{2}$ l Wasser auf die angegebene Alkoholmenge. Den Likör filtert man und füllt ihn in Flaschen.

Mit frischen Haselnüssen

„Heiße“ Milch

MAN NEHME
$^1/_2$ kg Staubzucker, $^1/_2$ l Milch, $^1/_2$ Vanillestange, Saft von 2 Zitronen, $^1/_2$ l Alkohol.

Der Staubzucker wird mit der Milch glattgerührt, Zitronensaft, Vanillestange und Alkohol beigemengt. Die Mischung füllt man in wasserhelle Flaschen und stellt sie für 8—14 Tage ans Fenster. Dann filtriert man.

Liebt das Licht

Damentrunk I

MAN NEHME
300 g geriebenen Bohnenkaffee, 2 $^{1}/_{2}$ l Wasser, 1 Messerspitze Natron, 1 $^{3}/_{4}$ kg Zucker, 1 l Alkohol (96%ig), 25 g Vanilleessenz (aus der Apotheke).

Der Kaffee wird mit dem Wasser abgebrüht, eine Messerspitze Natron wird darüber gestreut. Das Ganze läßt man ca. $^{3}/_{4}$ Stunde stehen. Dann gießt man die Flüssigkeit durch ein Tuch, fügt den Zucker bei und läßt alles 20 Minuten kochen. An die ausgekühlte Flüssigkeit gibt man den Alkohol und die Vanilleessenz.

Bezähmen Sie Ihre Neugierde!

Sechs Wochen lagern

Damentrunk II

Man nehme
70 g geriebenen Bohnenkaffee, $^{3}/_{8}$ l heißes Wasser, 150 g Staubzucker, $^{1}/_{4}$ l ungeschlagenes Obers (Sahne), $^{1}/_{4}$ l Alkohol.

Der Kaffee wird mit dem Wasser überbrüht, durchgeseiht und der Staubzucker beigefügt. Wenn der Kaffee erkaltet ist, wird $^{1}/_{4}$ l ungeschlagenes Obers und zuletzt der Alkohol zugesetzt; kann sofort serviert werden.

Mal 'was anderes für den Kaffeeklatsch!

Statt Kaffee servieren

Zimtgetränk

MAN NEHME
1 Zimtstange, 8 g Zimtpulver, 150 g braunen Kandiszucker, 1 l Weinbrand.

Alle Ingredienzien werden in ein weithalsiges Glas geschüttet und fest verschlossen darin stehen gelassen — an einem nicht zu warmen Ort. Dann filtriert man und zieht das Getränk in Flaschen.

Gewinnt durch die Lagerung

Schokoladelikör II

MAN NEHME

150 g Schokolade, $^{5}/_{8}$ l warme Milch, 250 g Zucker, 3 rohe Eidotter, $^{1}/_{4}$ l Weingeist, $^{1}/_{4}$ l Cognac.

Die Schokolade wird leicht erwärmt, mit der warmen Milch nach und nach verdünnt und restlos aufgelöst, worauf man den Zucker und die drei Eidotter untermischt. Das Ganze wird auf kleiner Flamme mittels Schneerute bis fast zum Kochgrad sorgfältig geschlagen, in ein kaltes Wasserbad gesetzt, mit den beiden Alkoholika versetzt, wobei man ohne weiteres statt Weingeist und Cognac nur Cognac verwenden kann. Nun wird gerührt bis zum Überkühlen und sodann in eine passende Flasche abgefüllt. Gut verkorkt kühl aufbewahren und zumindest eine Woche lagern.

… und die feinere Art

Anislikör

MAN NEHME
40 g frisch zerstoßene Anissamen, 1 g Zimt, 500 g Zucker, 1 l klaren Schnaps (38%ig).

Man schüttet Anis, Zimt und Zucker in den Alkohol und läßt ihn ungefähr sechs Wochen lang ziehen. Dann gießt man das Ganze durch einen Filter. Anislikör sollte kühl und trocken aufbewahrt werden.
Dieser wohlschmeckende Likör, nach den Mahlzeiten genommen, ist eine Wohltat für die Verdauung und beseitigt das unangenehme Völlegefühl nach allzu reichlichem Essen.

Stärkt den Kreislauf

Preiselbeerwodka

MAN NEHME
1 kg sehr reife Preiselbeeren, $^{1}/_{2}$ l Wasser, 500 g Zucker, 1 l Wodka.

Die reifen Preiselbeeren schüttet man in eine weithalsige, große Flasche und übergießt sie mit dem Wodka. Man läßt das Glas 2—3 Wochen an einem warmen Ort stehen, bis die Beeren ihre rote Farbe verloren haben. Dann filtert man. Inzwischen macht man aus $^{1}/_{2}$ l Wasser und 500 g Zucker einen Sirup und gießt ihn zur Flüssigkeit. Hierauf läßt man das Ganze nochmals 14 Tage stehen. Dann filtriert man, zieht auf Flaschen und läßt den Preiselbeerwodka ruhen, so lange es geht.

Für Wodkafreunde

Eierlikör

MAN NEHME
4 Eigelb, 200 g Zucker, ein Stückchen Vanillestange, 1/4 l Milch, 100 ccm Spiritus (aus der Apotheke).

Das Eigelb wird mit dem Zucker schaumig geschlagen. Die Vanillestange wird ausgekratzt und das Mark dem Eierschaum zugesetzt. Diese Masse wird mit der Milch und dem Spiritus vermischt und kühl gelagert.

Eierlikör, einmal anders zubereitet!

Alt und gut

Seite 136: Engelsüß → →
(siehe Rezept „Kräuterbier“ S. 29)